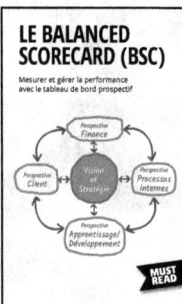
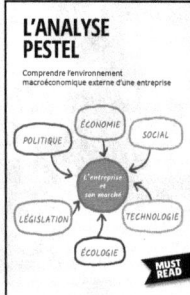

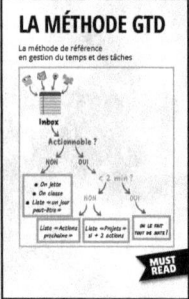

Une publication de Peter Lanore

LE MODÈLE ISHIKAWA

La résolution des problèmes complexes

LE MODÈLE ISHIKAWA 5

LE MODÈLE ISHIKAWA

INTRODUCTION

Le modèle d'Ishikawa, également connu sous le nom de diagramme de causes et effets, a été inventé par le professeur japonais Kaoru Ishikawa dans les années 1960. Il est parfois appelé « diagramme en arête de poisson » en raison de sa forme. Le modèle d'Ishikawa est un outil de qualité qui aide à identifier et à résoudre les problèmes en établissant une relation de cause à effet entre les différents facteurs qui peuvent contribuer à un problème donné. Le modèle a été développé à l'origine pour améliorer la qualité de fabrication des produits, mais il peut être appliqué à de nombreux autres domaines, tels que les services, la gestion de projet, et la recherche et développement.

DESCRIPTION

Le modèle d'Ishikawa se présente sous la forme d'un diagramme qui ressemble à une arête de poisson. L'arête principale représente le problème à résoudre, tandis que les branches représentent les différentes causes possibles du problème. Chaque branche est divisée en sous-branches qui représentent les facteurs qui contribuent à chaque cause.

1. **Identifier le problème** : il est important d'identifier clairement le problème à résoudre. Cela peut être un problème spécifique rencontré par une équipe ou une entreprise,

comme des temps de réponse lents pour un service client, ou un problème plus général, comme une baisse des ventes.

2. **Identifier les causes potentielles** : il peut s'agir de facteurs internes ou externes, comme un manque de formation du personnel, une technologie obsolète, des erreurs de communication ou des problèmes de processus.

3. **Créer le diagramme** : une fois les causes potentielles identifiées, il s'agit de créer le diagramme d'Ishikawa. Le problème à résoudre est placé sur l'arête principale, puis des branches sont créées pour les causes potentielles. Les sous-branches représentent les facteurs qui contribuent à chaque cause.

4. **Analyser les causes** : il est temps ensuite d'analyser chaque cause et de déterminer quels facteurs doivent être pris en compte pour résoudre le problème. Il est également important de noter que certaines causes peuvent avoir plusieurs facteurs qui y contribuent.

5. **Trouver des solutions** : les informations collectées servent à trouver des solutions au problème. En travaillant sur chaque branche, des moyens de résoudre chaque cause potentielle peuvent être identifiés.

Le modèle d'Ishikawa est largement utilisé dans l'industrie manufacturière pour améliorer la qualité des produits. De nombreuses entreprises, grandes et petites, ont utilisé le modèle d'Ishikawa pour résoudre des problèmes de qualité et améliorer leurs processus de production. Cependant, il peut également être utilisé dans d'autres industries pour résoudre des problèmes et améliorer la qualité des produits et services.

En raison de sa flexibilité, le modèle d'Ishikawa est utilisé par un grand nombre d'entreprises de différents secteurs, notamment Toyota, Ford, General Electric, Nestlé, Procter & Gamble, et bien d'autres encore. Il est également largement utilisé dans les processus d'amélioration continue, tels que Six Sigma et Lean Manufacturing, pour identifier les causes des problèmes et trouver des solutions.

 Le modèle d'Ishikawa peut être utilisé dans de nombreux contextes différents pour résoudre divers problèmes. Voici un exemple concret d'utilisation du modèle d'Ishikawa pour résoudre un problème lié à un processus de production dans une entreprise de fabrication.

- *Problème* : des erreurs de production fréquentes entraînent des retards de livraison et des coûts supplémentaires.

- *Identifier le problème* : le problème est que des erreurs de production fréquentes se produisent, entraînant des retards de livraison et des coûts supplémentaires.

- *Identifier les causes potentielles* : elles pourraient inclure un manque de formation des travailleurs, des erreurs de conception, des erreurs de communication entre les départements, des machines obsolètes, etc.

- *Créer le diagramme* : sur l'arête principale, on inscrit « erreurs de production fréquentes ». Les branches pour chaque cause potentielle sont ainsi identifiées : « manque de formation des travailleurs », « erreurs de conception », « erreurs de communication », « machines obsolètes », etc. Les sous-branches peuvent inclure des facteurs tels que «absence de manuels de formation», «manque de communication interdépartementale», «problèmes de planification de la production», etc.

- *Analyser les causes* : pour chaque cause, il convient d'analyser les facteurs qui contribuent à cette cause. Par exemple, pour «manque de formation des travailleurs», les facteurs pourraient inclure l'absence de manuels de formation, de formateurs compétents, de temps dédié à la formation, etc.

- *Trouver des solutions* : en travaillant sur chaque branche, des moyens de résoudre chaque cause potentielle peuvent être trouvés. Par exemple, pour «manque de formation des travailleurs», ce peut être de fournir des manuels de formation détaillés, de recruter des formateurs compétents et de dédier du temps à la formation.

En utilisant le modèle d'Ishikawa de cette manière, l'entreprise peut identifier les causes profondes des problèmes de production et travailler à les résoudre pour améliorer la qualité de ses produits, réduire les retards de livraison et les coûts supplémentaires. Le modèle d'Ishikawa permet également aux équipes de travailler de manière collaborative pour trouver des solutions, ce qui peut renforcer l'esprit d'équipe et améliorer la communication entre les différents départements de l'entreprise.

COMMENT UTILISER LE MODÈLE D'ISHIKAWA

Voici comment utiliser le modèle d'Ishikawa pour résoudre un problème spécifique.

1. **Objectif** : le modèle d'Ishikawa est utilisé pour identifier les causes fondamentales d'un problème. L'objectif est de découvrir les raisons sous-jacentes du problème afin de les résoudre de manière permanente plutôt que de traiter uniquement les symptômes.

2. **Création du diagramme** : pour créer un diagramme de causes et effets, il faut commencer par dessiner une flèche horizontale à partir d'un rectangle central. Le rectangle représente le problème que vous essayez de résoudre. La flèche horizontale représente le temps. À partir de la flèche, il s'agit de dessiner des lignes inclinées qui représentent les principales catégories de causes qui pourraient contribuer au problème. Ces catégories sont généralement les 6M : Matières premières, Main-d'œuvre, Méthodes, Milieu, Machines et Mesures.

   Exemple : pour une entreprise de vente en ligne, le problème est que les clients se plaignent de temps de livraison trop longs. Le rectangle central du diagramme d'Ishikawa est « temps de livraison long ». Les branches inclinées sont « matières premières », « main-d'œuvre », « méthodes », « milieu », « machines » et « mesures ».

3. **Brainstorming** : une fois le diagramme créé, il convient d'identifier les causes potentielles du problème en effectuant un brainstorming avec l'équipe. Le but est d'écrire

toutes les causes potentielles sur les branches correspondantes du diagramme.

Exemple : l'entreprise de vente en ligne effectue un brainstorming avec son équipe pour identifier les causes potentielles des temps de livraison trop longs. Ils écrivent les causes sur les branches correspondantes du diagramme. Ils identifient des causes telles que :

- ○ matières premières : les fournisseurs de produits ne fournissent pas en temps et en heure ;
- ○ main-d'œuvre : les travailleurs de l'entrepôt ne sont pas suffisamment formés pour préparer rapidement les commandes ;
- ○ méthodes : les méthodes de préparation des commandes ne sont pas optimisées pour accélérer la livraison ;
- ○ milieu : L'entrepôt n'est pas suffisamment organisé pour permettre une préparation rapide des commandes.
- ○ machines : les équipements de manutention ne sont pas suffisamment performants ou ne sont pas correctement entretenus ;
- ○ mesures : les procédures de suivi de la livraison ne sont pas suffisamment précises ou ne sont pas correctement suivies.

4. **Analyse des causes** : après avoir identifié les causes potentielles, il faut les analyser pour déterminer leur relation avec le problème. Des outils d'analyse tels que les 5 pourquoi ou les outils de statistiques peuvent être utilisés pour identifier les causes principales.

Exemple : l'entreprise de vente en ligne analyse les causes potentielles pour déterminer les principales causes de temps de livraison trop longs. Ils utilisent les 5 pourquoi pour identifier que la principale cause est que les fournisseurs ne fournissent pas en temps et en heure.

5. **Actions correctives** : une fois les causes principales, il s'agit de déterminer les actions correctives.

AVANTAGES ET FORCES

Le modèle d'Ishikawa est un outil puissant et largement utilisé pour identifier les causes profondes des problèmes et améliorer la qualité des produits, des services et des processus. Voici quelques-uns des avantages et des forces du modèle d'Ishikawa :

- le modèle d'Ishikawa est un **outil simple et facile**, qui peut être compris et utilisé par n'importe qui, quelles que soient sa formation et son expérience. Cela le rend accessible et utile pour des personnes de tous les niveaux d'une organisation ;

- le modèle d'Ishikawa permet d'**identifier les causes profondes** d'un problème, ce qui est essentiel pour éviter les solutions superficielles qui ne résolvent pas le problème à long terme ;

- le modèle d'Ishikawa peut être utilisé par des équipes multidisciplinaires pour identifier les causes des problèmes et travailler ensemble pour trouver des solutions efficaces. Cela **favorise la collaboration** et l'esprit d'équipe ;

- le modèle d'Ishikawa peut être **utilisé dans de nombreux contextes** différents, que ce soit dans la fabrication, les services, les soins de santé ou d'autres industries. Cela en fait un outil polyvalent pour résoudre une variété de problèmes;

- le modèle d'Ishikawa est un outil peu coûteux qui ne nécessite que du papier et un crayon. Il ne nécessite pas de logiciel ou d'outils spécifiques, ce qui en fait une **option économique** pour les entreprises et les organisations;

- le modèle d'Ishikawa permet de **hiérarchiser les problèmes** en fonction de leur impact sur le produit ou le service. Cela permet aux équipes de se concentrer sur les problèmes les plus critiques en premier;

- le modèle d'Ishikawa permet de rassembler toutes les causes possibles d'un problème, ce qui **facilite la prise de décision**. Les équipes peuvent évaluer les différentes causes et choisir la solution la plus appropriée.

En résumé, le modèle d'Ishikawa est un outil polyvalent et facile à utiliser pour identifier les causes profondes des problèmes et trouver des solutions efficaces. Son accessibilité, sa flexibilité et son économie en font un outil idéal pour les entreprises et les organisations de toutes tailles.

INCONVÉNIENTS ET LIMITES

Bien que le modèle d'Ishikawa soit un outil puissant pour identifier les causes profondes des problèmes, il présente également des inconvénients et des limitations à prendre en compte. Voici quelques-uns des principaux inconvénients du modèle d'Ishikawa :

- il est possible de se perdre dans la recherche de causes profondes et d'**analyser de manière excessive** les causes potentielles. Cela peut être contre-productif et entraîner une perte de temps et de ressources ;

- •les personnes impliquées dans l'analyse des causes potentielles peuvent être influencées par leur propre expérience et leur point de vue, ce qui peut conduire à une **analyse partiale** et partielle des causes ;

- le modèle d'Ishikawa peut devenir **complexe** s'il y a un grand nombre de causes potentielles identifiées. Cela peut rendre l'analyse difficile et compliquée, et entraîner des problèmes de hiérarchisation des causes ;

- la réalisation d'une analyse de cause à effet peut **prendre du temps et des ressources**. En conséquence, il peut être difficile de réaliser une analyse exhaustive pour chaque problème ;

- le modèle d'Ishikawa ne **convient** pas à toutes les situations, mais **plutôt aux problèmes spécifiques**. Il ne peut pas être utilisé pour résoudre des problèmes plus vastes ou plus complexes ;

- en identifiant les causes potentielles d'un problème, le modèle d'Ishikawa peut parfois **conduire à des solutions superficielles** qui ne résolvent pas le problème de manière satisfaisante.

Au final, le modèle d'Ishikawa présente des inconvénients et des limitations qui doivent être pris en compte lors de son utilisation. En gardant à l'esprit ces limitations, les équipes peuvent maximiser l'efficacité de cet outil et obtenir des résultats positifs.

ALTERNATIVES ET MODÈLES COMPLÉMENTAIRES

Bien que le modèle d'Ishikawa soit largement utilisé pour l'analyse de la qualité et la résolution de problèmes, il existe d'autres outils et techniques qui peuvent également être utilisés pour atteindre ces objectifs. Voici quelques alternatives et outils similaires au modèle d'Ishikawa :

- le **diagramme de Pareto** est un autre outil d'analyse de la qualité qui est souvent utilisé en conjonction avec le modèle d'Ishikawa. Il permet d'identifier les causes les plus importantes d'un problème en utilisant un graphique en barres ;

- la **méthode des 5 pourquoi** est une autre technique pour l'analyse de la cause première. Elle consiste à poser des questions sur la cause d'un problème jusqu'à ce que la cause première soit identifiée ;

- le **modèle de PDSA** (*Plan, Do, Study, Act*) est une méthode d'amélioration de la qualité qui peut être utilisée en conjonction avec le modèle d'Ishikawa. Il consiste à planifier une action, à la mettre en œuvre, à étudier les résultats et à agir en conséquence ;

- la **cartographie de flux de valeur** est une méthode pour visualiser les processus d'affaires et identifier les zones qui nécessitent une amélioration. Elle peut être utilisée en conjonction avec le modèle d'Ishikawa pour identifier les causes profondes des problèmes dans les processus ;

- l'**analyse des risques** est une méthode pour identifier les risques potentiels et les évaluer en fonction de leur probabilité et de leur impact. Elle peut être utilisée en conjonction avec le modèle d'Ishikawa pour identifier les risques liés aux causes potentielles d'un problème ;

En résumé, ces outils et techniques peuvent être utilisés en conjonction avec le modèle d'Ishikawa pour une analyse plus complète des problèmes et des solutions. Les équipes peuvent utiliser ces outils pour identifier les causes profondes des problèmes et mettre en place des actions correctives pour améliorer la qualité et la performance.

 **APPLICATIONS**

Étude de cas 1 : fabrication de meubles

Voici un exemple d'utilisation du modèle d'Ishikawa pour résoudre un problème de qualité dans une entreprise de fabrication de meubles.

Problème : les meubles fabriqués par l'entreprise présentent des défauts de peinture.

1. *Identifier le problème* : les meubles fabriqués présentent des défauts de peinture.

2. *Identifier les catégories de causes potentielles* :

   ○ matériel : qualité de la peinture, qualité des pinceaux, qualité des meubles ;

   ○ méthodes : technique de peinture, processus de peinture, temps de séchage ;

   ○ main-d'œuvre : compétences des travailleurs, formation, supervision ;

   ○ mesure : procédure d'inspection de la qualité, outils de mesure, normes de qualité ;

   ○ milieu : humidité, température, éclairage ;

   ○ management : planification de la production, allocation des ressources, culture d'entreprise.

3. *Identifier les causes potentielles* :
   - matériel : peinture de mauvaise qualité, pinceaux usés, meubles de mauvaise qualité ;
   - méthodes : technique de peinture incorrecte, processus de peinture mal conçu, temps de séchage insuffisant ;
   - main-d'œuvre : manque de compétences, manque de formation, supervision inadéquate ;
   - mesure : procédure d'inspection de la qualité inadéquate, outils de mesure inappropriés, normes de qualité mal définies ;
   - milieu : humidité trop élevée, température trop basse, éclairage inadéquat ;
   - management : planification de la production inadéquate, ressources insuffisantes allouées, culture d'entreprise qui ne valorise pas la qualité.

4. *Analyser les causes potentielles* : la cause profonde peut être le manque de compétences et de formation du personnel pour la technique de peinture, qui conduit à une application de peinture incorrecte et à des défauts de peinture sur les meubles.

5. *Développer des actions correctives* : l'entreprise peut mettre en place des programmes de formation pour améliorer les compétences du personnel et des normes de qualité plus rigoureuses pour la technique de peinture.

Étude de cas 2 : fabrication de production de voitures

L'usine d'une entreprise de fabrication de voitures a constaté que la qualité des pneus montés sur ses voitures était en baisse, ce qui avait un impact sur la satisfaction des clients et sur les ventes de la société. L'entreprise a utilisé le modèle d'Ishikawa pour identifier les causes possibles de ce problème et y remédier.

1. *Identifier le problème* : la qualité des pneus montés sur les voitures a baissé, entraînant une baisse de la satisfaction des clients et des ventes de la société.

2. *Identifier les catégories de causes potentielles* :

   ○ matériel : qualité des pneus, matériaux de fabrication des pneus, design des pneus ;

   ○ méthodes : processus de montage des pneus, outils de montage des pneus, procédures de contrôle de qualité ;

   ○ main-d'œuvre : compétences des travailleurs, formation, supervision ;

   ○ mesure : outils de mesure, normes de qualité, procédures d'inspection ;

   ○ milieu : température et humidité, emplacement de stockage des pneus, conditions de transport des pneus ;

   ○ management : planification de la production, allocation des ressources, culture d'entreprise.

3. *Identifier les causes potentielles* :

- ○ matériel : qualité des pneus inférieure, utilisation de matériaux de fabrication moins chers, design des pneus défectueux ;

- ○ méthodes : processus de montage des pneus inadéquat, outils de montage des pneus obsolètes, procédures de contrôle de qualité insuffisantes ;

- ○ main-d'œuvre : manque de compétences, formation insuffisante, supervision inadéquate ;

- ○ mesure : outils de mesure inappropriés, normes de qualité mal définies, procédures d'inspection de qualité inadéquates ;

- ○ milieu : température et humidité inadéquates, stockage des pneus dans des conditions inappropriées, transport des pneus dans des conditions inappropriées ;

- ○ management : planification de la production inadéquate, ressources insuffisantes allouées à la production de pneus, culture d'entreprise qui ne valorise pas la qualité des pneus.

4. Analyser les causes potentielles : la cause profonde peut être le manque de compétences et de formation du personnel pour le montage des pneus, qui conduit à un montage incorrect des pneus et à une qualité inférieure des pneus montés.

5. *Développer des actions correctives* : l'entreprise peut mettre en place des programmes de formation pour améliorer les compétences.

POUR ALLER PLUS LOIN

Le modèle d'Ishikawa est un outil puissant et largement utilisé pour l'analyse de la qualité et la résolution de problèmes. Il existe de nombreuses ressources pour approfondir l'utilisation et la compréhension de cet outil, notamment :

Ces ressources fournissent des informations précieuses sur le modèle d'Ishikawa et son utilisation pour l'analyse de la qualité et la résolution de problèmes. Les équipes peuvent utiliser ces ressources pour approfondir leur compréhension de l'outil et pour l'utiliser de manière plus efficace.

- *Kaizen: The Key to Japan's Competitive Success* de Masaaki Imai. Ce livre est souvent cité comme une référence sur le modèle d'Ishikawa. Il présente une introduction complète à l'outil et propose des exemples pratiques de son utilisation.

- *Total Quality Control* de Armand V. Feigenbaum. Ce livre est une ressource clé pour comprendre l'approche de la gestion de la qualité totale. Il présente une section sur le modèle d'Ishikawa et fournit des exemples d'application dans le monde réel.

- *Quality Control Handbook* de Joseph M. Juran. Ce livre est une ressource de référence pour la gestion de la qualité. Il comprend une section sur le modèle d'Ishikawa et fournit des informations sur son utilisation pour l'analyse de la qualité et la résolution de problèmes.

- *The Fishbone Diagram Handbook* de R. Keith Mobley. Ce livre est une ressource pratique sur la manière d'utiliser le modèle d'Ishikawa. Il fournit des informations détaillées sur la façon de construire et d'analyser un diagramme d'Ishikawa pour la résolution de problèmes.

- *Root Cause Analysis: Simplified Tools and Techniques* de Bjorn Andersen. Ce livre est une ressource pratique pour l'analyse des causes profondes des problèmes. Il fournit des informations détaillées sur l'utilisation du modèle d'Ishikawa et d'autres outils pour l'analyse des causes profondes.

CONCLUSIONS ET RECOMMANDATIONS D'USAGE

Le modèle d'Ishikawa est un outil puissant pour identifier les causes profondes d'un problème, en particulier dans un contexte de fabrication et de production. Voici quelques conclusions et recommandations d'usage pour l'application de ce modèle :

- il est important de bien définir le problème avant de commencer à utiliser le modèle d'Ishikawa. Plus le problème est clairement défini, plus il sera facile d'identifier les causes potentielles ;

- la participation de différents membres de l'équipe peut être très utile lors de l'identification des causes potentielles. Il peut être bénéfique de rassembler un groupe de personnes ayant une expérience et des compétences différentes pour une analyse plus complète ;

- la catégorisation des causes potentielles est un élément clé du modèle d'Ishikawa. Il est important d'avoir des catégories claires et appropriées pour identifier toutes les causes potentielles ;

- l'analyse des causes potentielles peut nécessiter des recherches et des enquêtes supplémentaires. Il est important de disposer de données et de preuves suffisantes pour soutenir l'analyse ;

- l'identification des causes profondes peut prendre du temps et nécessiter des efforts supplémentaires pour résoudre les problèmes. Il est donc important de prévoir du temps et des ressources suffisants pour mettre en œuvre les actions correctives nécessaires.

En conclusion, le modèle d'Ishikawa est un outil utile pour l'analyse des causes racines des problèmes. Il peut être utilisé pour identifier les causes profondes d'un problème et élaborer des solutions efficaces pour y remédier. Cependant, comme tout outil, il a ses limites et doit être utilisé avec prudence. En gardant à l'esprit ces recommandations, le modèle d'Ishikawa peut aider les équipes à améliorer leur productivité et leur efficacité en résolvant les problèmes de manière plus ciblée et efficiente.

Votre avis nous intéresse !
Laissez un commentaire sur le site de votre librairie en ligne
et partagez vos coups de cœur sur les réseaux sociaux !

L'éditeur veille à la fiabilité des informations publiées, lesquelles ne pourraient toutefois engager sa responsabilité.

www.50minutes.com

ISBN version numérique : 9782808696593
ISBN version papier : 9782808696098
Dépôt légal : D/2023/12603/1983

Couverture : © Primento

Conception numérique : Primento, le partenaire numérique des éditeurs